Tanıdığım tüm nazik ve iyi insanlara – C.C.

Arkadaşlarıma ve komşularıma sevgilerimle – C.J-I.

Pearson

Türkçe yayın hakları © Pearson Eğitim Çözümleri Tic. Ltd. Şti., 2021
Nida Kule Kozyatağı, Kozyatağı Mahallesi, Değirmen Sokak No:18 Kat: 6 D: 15
Kadıköy 34742 İstanbul Türkiye Tel: 0216 217 66 00
iletisim@pearson.com.tr
www.pearson.com.tr

Özgün Adı: How Do You Make a Rainbow?
First published 2021 by Macmillan Children's Books an imprint of Pan Macmillan
The Smithson, 6 Briset Street, London EC1M 5NR

Metin © Caroline Crowe 2021
Resimler © Cally Johnson-Isaacs 2021
Çeviri: Melike Hendek
Çin'de basılmıştır.

1. Baskı: 2021

ISBN: 978-605-70012-5-2
Sertifika No: 16372

Caroline Crowe
Cally Johnson-Isaacs

Bugün Günlerden Ne Renk?

Çeviri:
Melike Hendek

Pearson

"Ne kadar çok yağmur yağıyor," dedi Melek dedesine,
"Baksana, gökyüzü artık mavi bile değil, her yer gri!
Gökyüzünün birazcık neşelenmesi gerekiyor. Ama nasıl?"

Birden, “Buldum!” dedi Melek, “Gökkuşağı! Peki ama gökkuşağı nasıl yapılır? Pastel boyalarımla gökyüzünü boyayarak yapabilir miyim? Ama o kadar yükseğe benim boyum yetişmez ki. Bana yardım eder misin, dede?”

"Gökkuşağı için boyalara ihtiyacımız yok tatlım," dedi Melek'in dedesi gülümseyerek.

"Peki neye ihtiyacımız var öyleyse?" diye sordu Melek merakla.

"Umuda ve iyiliğe," diye cevapladı dedesi ve ekledi: "Ve tabii ki yaşamın tüm renklerine!"

"Yaşamın tüm renkleri mi?" diye sordu Melek. Anlaşılan birazcık kafası karışmıştı.

“Yaşam rengârenktir, Melek.
Hayatımızdaki her şey
bir renktir. Mesela...
Ailemizi bir arada tutan sevgi,
Her zaman yardımımıza koşan
arkadaşlarımız, Bencil olmamak,
başkalarını düşünmek.

Sevdiklerimize kırmızı lalelerle teşekkür etmek.

Neşe içinde ekmeğimize çilek reçeli sürmek.

Ve her şeyden önemlisi, yaptığımız her şeyi, söylediğimiz her bir kelimeyi kalbimizden gelerek yapmak ve söylemek.

Hayatımızdaki renkler bu kadar değil elbet. Daha neler var, neler! Mesela...

Sonbaharda yapraklarla eğlenmek,

Arkadaşlarımızla Güneş batana kadar oyunlar oynamak,

Balkabaklarından fener yapmak,

Minik kaplanlar olup neşeyle *harrrlamak*.

Bazen birini mutlu etmek,

saçma bir şakaya kahkahalarla
gülmek hayatımızı öyle
renklendirir ki...

Peki hayatımızı başka neler renklendirir?

Yazın plajda ayaklarımıza yapışan kumlar,
İlkbaharda açan minik sarı çiçekler,
Limon yerken ekşiyen yüzümüz...

Bazı anlar ise hayatımızı yeşile boyar.
Zıp zıp zıplayan minik kurbağacıklar,
Dostlarınla birlikte ağaç dikmek,

Bostanda kendi meyve ve sebzeni toplamak,
Dizlerine yapışan yemyeşil otlar...

Bazen en basit şeyleri yaparken bile hayatımıza renk katarız. Mesela... Dişlerini fırçalarken bile gülümsemek, o sırada kuşların cıvıl cıvıl şarkılarını dinlemek gibi. Ya da her sabah uyandığında, önünde yepyeni, harika bir gün olduğunu bilmek.

Bazı günler mavidir.

Okyanusları sevmek ve korumak,
Yazın sahilde piknik yapmak,

Buz gibi soğuk kış sabahları,

Mavi kelebekler ve yabanmersinli
turtalar hayatımızı maviye boyar.

Bazı günlerimizi müzikle ve dansla renklendiririz. Kabarık tütülerle, kimin ne düşüneceğini önemsemeden, özgürce dans ederek mesela...

Birlikte şarkılar söyleyerek ya da...

Kendini müziğin ritmine bırakarak.

İşte yaşamın renklerinden bazıları... Yaşam öyle rengârenk ki, bu liste daha uzar gider. Şimdi sen de, seni mutlu eden şeyleri, tanıdığın tüm iyi insanları düşün.

İçindeki minik Güneş ışığını ara. Onu bulduğunda, başını kaldırıp gökyüzüne bak...

Bulutların arasında, parıl parıl, rengârenk
bir gökkuşağı göreceksin.

Yaşamın renklerini ve içindeki ışığı hiç ama hiç bırakma.
Böylece en gri günlerde bile kendi gökkuşağını yapabilirsin."

Kendi Gökkuşağını Yap!

Seni mutlu eden şeyleri,
tanıdığın tüm iyi insanları düşün.
İçindeki minik Güneş ışığını ara. Onu
bulduğunda, başını kaldırıp gökyüzüne
bak...
Bulutların arasında parıl parıl, rengârenk
bir gökkuşağı göreceksin.

Şimdi sıra sende! Melek ve dedesinin yaptığı gibi, hayatındaki renkleri bulup kendi gökkuşağını yap. Senin için önemli olan, sevdiğin ve seni daima mutlu eden şeyleri ve kişileri yaz, çiz, boya. Hatta istersen fotoğraflarını kesip yapıştırabilirsin.

Kırmızı

Sevdiklerimize kırmızı lalelerle teşekkür etmek.
Neşe içinde ekmeğimize çilek reçeli sürmek.

Sana kırmızı rengini hatırlatan şeyler neler?

Eğer makas kullanacaksan, büyüklerinden yardım istemeyi unutma!

Belki çok sevdiğin, seni daima sıcak tutan özel bir kırmızı kazağın vardı

Turuncu

Balkabaklarından fener yapmak,
Minik kaplanlar olup neşeyle harrrlamak.

Senin için özel olan turuncu şeyler neler?

Sarı

Yazın plajda ayaklarına yapışan kumlar,
İlkbaharda açan minik sarı çiçekler...

Sarı renk sana neleri anımsatır, peki?

Belki yağmur yağdığında, sularda şlap şlop zıpladığın sarı yağmur çizmelerin vardır ya da çok sevdiğin sarı bir ayıcık.

Yeşil

Bostanda kendi meyve ve sebzeni toplamak,
Dizlerine yapışan yemyeşil otlar...

Sana yeşil rengini hatırlatan şeyler neler?

Daha önce hiç bostanda meyve ya da sebze topladın mı?

Mavi

Buz gibi soğuk kış sabahları,
Mavi kelebekler ve yabanmersinli turtalar.

En sevdiğin mavi şeyleri buraya çizip boya ya da fotoğraflarını kesip yapıştır.

İndigo

Bazı günlerimizi müzikle ve dansla renklendiririz.
Kabarık tütülerle, kimin ne düşüneceğini
önemsemeden, özgürce dans ederek mesela...

Seni mutlu eden indigo renkli neler var?

İndigo, koyu mavi ile
mor arasında bir renktir.

Eflatun

Birlikte şarkılar söyleyerek ya da...
Kendini müziğin ritmine bırakarak.

Eflatun, pembe-mor
karışımından oluşan bir renktir.

Seni mutlu eden eflatun şeyler neler?
Yaz, çiz, boya veya fotoğraflarını kesip yapıştır.